Impressum
Verlag: BABADADA GmbH, Nedderfeld 112 , 22529 Hamburg
Geschäftsführer / Verlagsleitung: Harald Hof
Druck: Books on Demand GmbH, In de Tarpen 42, 22848 Norderstedt

Imprint
Publisher: BABADADA GmbH, Nedderfeld 112 , 22529 Hamburg, Germany
Managing Director / Publishing direction: Harald Hof
Print: Books on Demand GmbH, In de Tarpen 42, 22848 Norderstedt

مدرسه
koulu

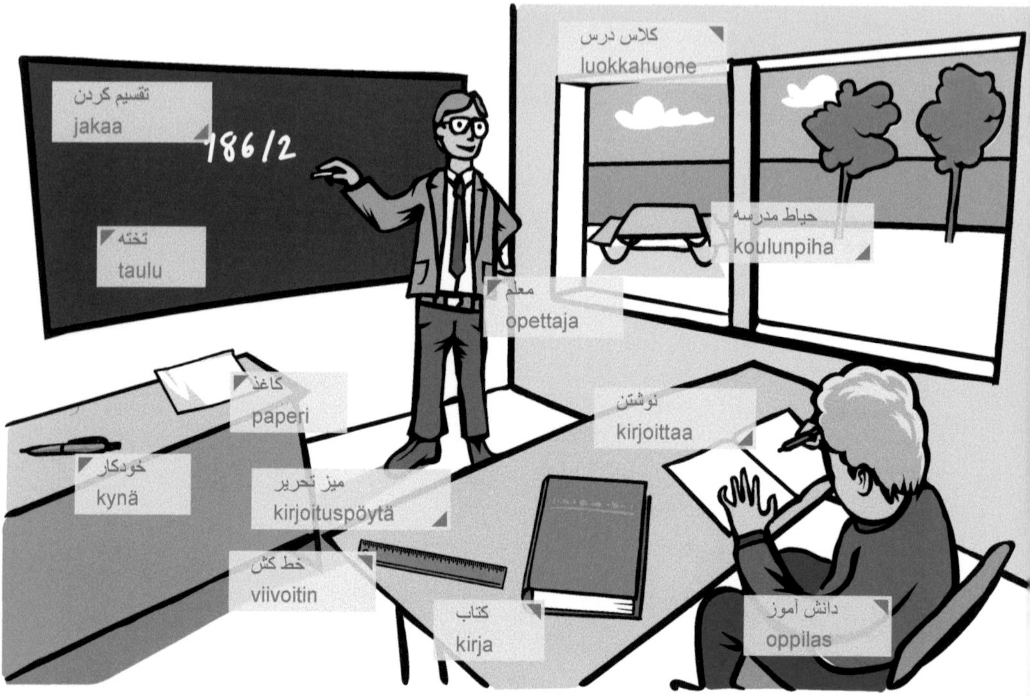

کلاس درس
luokkahuone
تقسیم کردن
jakaa
186/2
تخته
taulu
حیاط مدرسه
koulunpiha
معلم
opettaja
کاغذ
paperi
نوشتن
kirjoittaa
خودکار
kynä
میز تحریر
kirjoituspöytä
خط کش
viivoitin
کتاب
kirja
دانش آموز
oppilas

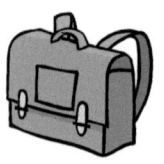

کیف مدرسه
reppu

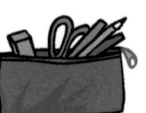

جامدادی
penaali

مداد
lyijykynä

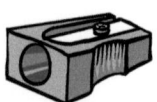

تراش
kynänteroitin

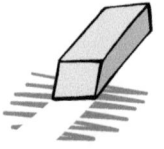

پاک کن
pyyhekumi

دفتر رسم
piirustuslehtiö

طراحی

piirustus

قلم مو

pensseli

جعبه ی آبرنگ

vesivärit

قیچی

sakset

چسب

liima

کتاب تمرین

harjoituskirja

تکلیف خانه

kotitehtävä

12

رقم

luku

2+2

جمع کردن

lisätä

5-2

تفریق کردن

vähentää

2×2

ضرب کردن

kertoa

محاسبه کردن

laskea

A

حرف الفبا

kirjain

ABCDEFG
HIJKLMN
OPQRSTU
VWXYZ

الفبا

aakkoset

hello

کلمه

sana

متن

teksti

خواندن

lukea

گچ

liitu

درس

oppitunti

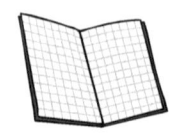

ثبت نام

opettajan muistikirja

امتحان

koe

مدرک رسمی

todistus

لباس مدرسه

koulupuku

تحصیلات

koulutus

دانشنامه

sanakirja

دانشگاه

yliopisto

میکروسکوپ

mikroskooppi

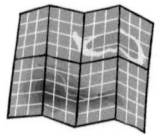

نقشه

kartta

سبد کاغذ باطله

roskakori

matka

هتل
hotelli

مسافرخانه
retkeilymaja

ROOMS

EXCHANGE

صرافی
rahanvaihto

چمدان
matkalaukku

اتومبيل
auto

زبان

kieli

بله / خير

kyllä / ei

اكى
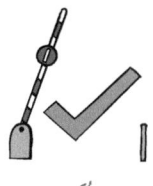
selvä

سلام

hei

مترجم

tulkki

ممنون

kiitos

قیمت ... چه قدر است؟

Paljonko...maksaa?

من متوجه نمی شوم

en ymmärrä

مشکل

ongelma

عصر بخیر! / شب بخیر!

Hyvää iltaa!

صبح بخیر!

Hyvää huomenta!

شب بخیر!

Hyvää yötä!

خداانگهدار

näkemiin

جهت

suunta

بار سفر

matkatavarat

کیف

laukku

کوله پشتی

reppu

مهمان

vieras

اتاق

huone

کیسه خواب

makuupussi

خیمه

teltta

مرکز راهنمای گردشگران

turisti-info

ساحل

ranta

کارت اعتباری

luottokortti

صبحانه

aamupala

ناهار

lounas

شام

päivällinen

بلیط

matkalippu

آسانسور

hissi

مهر

postimerkki

مرز

raja

گمرک

tulli

سفارتخانه

suurlähetystö

ویزا

viisumi

گذرنامه

passi

حمل و نقل

kuljetus

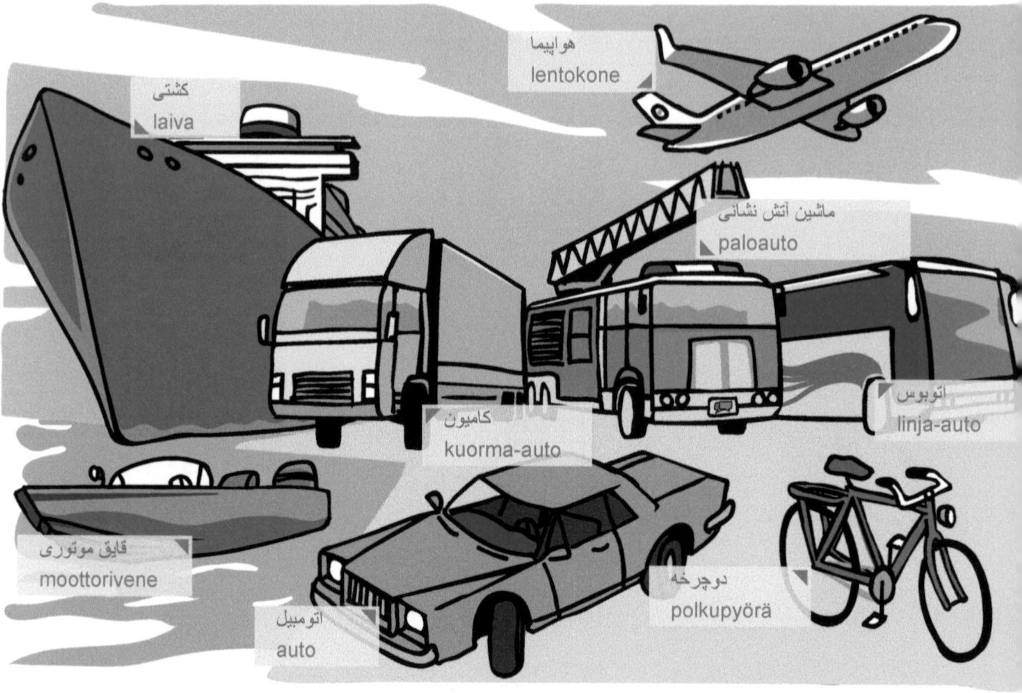

هواپیما
lentokone
کشتی
laiva
ماشین آتش نشانی
paloauto
اتوبوس
linja-auto
کامیون
kuorma-auto
قایق موتوری
moottorivene
دوچرخه
polkupyörä
اتومبیل
auto

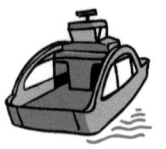

کشتی مسافربری

lautta

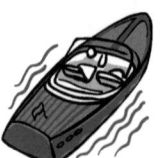

قایق

vene

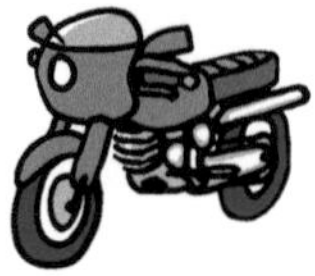

موتورسیکلت

moottoripyörä

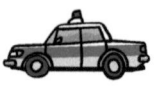

ماشین پلیس

poliisiauto

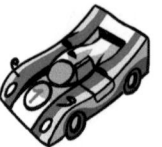

ماشین مسابقه

kilpa-auto

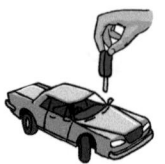

ماشین کرایه ای

vuokra-auto

به اشتراک گذاری اتوموبیل

car sharing

جرثقیل

hinausauto

ماشین حمل زباله

roska-auto

موتور

moottori

بنزین

polttoaine

پمپ بنزین

huoltoasema

تابلو راهنمایی و رانندگی

liikennemerkki

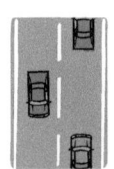

عبور و مرور

liikenne

ترافیک

ruuhka

پارکینگ

parkkipaikka

ایستگاه قطار

rautatieasema

ریل راه آهن

raiteet

قطار

juna

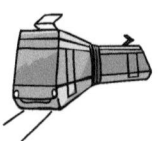

قطار برقی

raitiovaunu

واگن

vaunu

هليكوپتر

helikopteri

فرودگاه

lentokenttä

برج

lähilennonjohto

مسافر

matkustaja

کانتینر

kontti

کارتن

pahvilaatikko

گاری

kärryt

سبد

kori

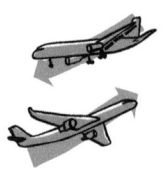

به پرواز درآمدن / فرود آمدن

nousta / laskea

شهر

kaupunki

دهکده

kylä

مرکز شهر

keskusta

خانه

talo

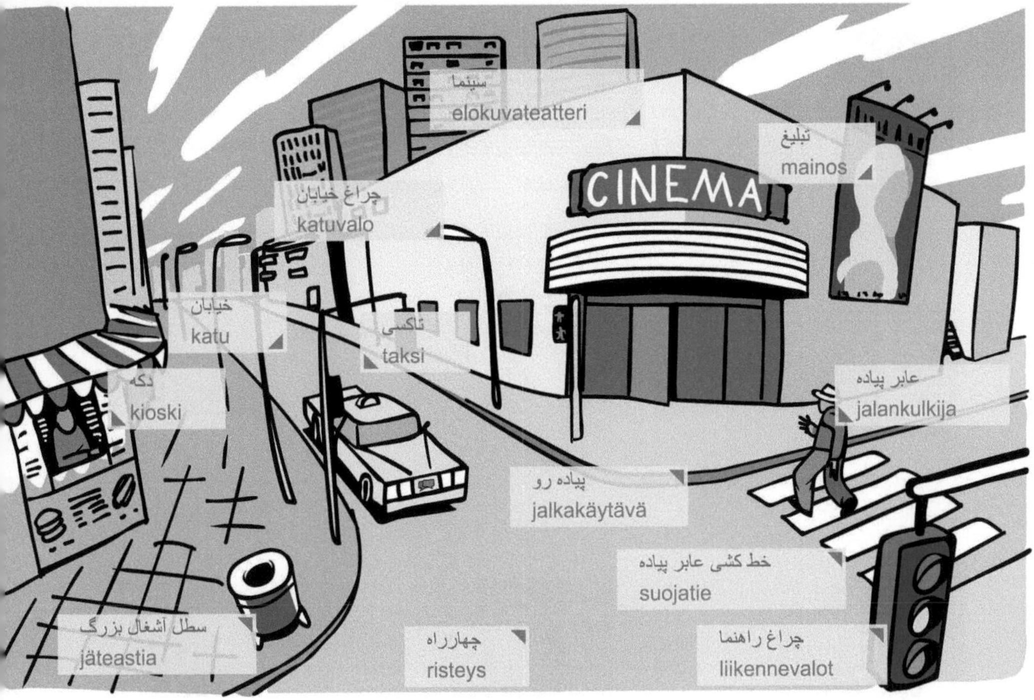

CINEMA
سینما
elokuvateatteri
تبلیغ
mainos
چراغ خیابان
katuvalo
خیابان
katu
تاکسی
taksi
دکه
kioski
عابر پیاده
jalankulkija
پیاده رو
jalkakäytävä
خط کشی عابر پیاده
suojatie
سطل آشغال بزرگ
jäteastia
چهارراه
risteys
چراغ راهنما
liikennevalot

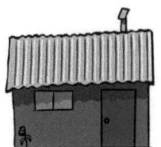

کلبه

mökki

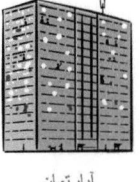

آپارتمان

kerrostalo

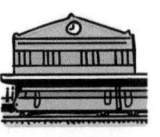

ایستگاه قطار

rautatieasema

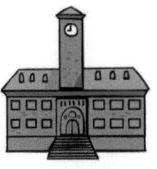

ساختمان شهرداری

kaupungintalo

MUSEUM

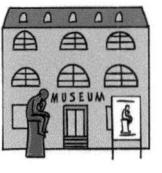

موزه

museo

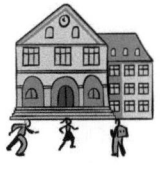

مدرسه

koulu

دانشگاه

yliopisto

بانک

pankki

بیمارستان

sairaala

هتل

hotelli

داروخانه

apteekki

اداره

toimisto

کتابفروشی

kirjakauppa

مغازه

liike

گل فروشی

kukkakauppa

سوپرمارکت

supermarketti

بازار

tori

فروشگاه بزرگ

tavaratalo

ماهی فروش

kalakauppias

مرکز خرید

ostoskeskus

بندر

satama

پارک
....
puisto

نیمکت
....
penkki

پل
....
silta

پله
....
portaat

مترو
....
metro

تونل
....
tunneli

ایستگاه اتوبوس
....
linja-autopysäkki

میخانه
....
baari

رستوران
....
ravintola

صندوق پست
....
postilaatikko

تابلوی خیابان
....
katukyltti

دستگاه پارکومتر
....
parkkimittari

باغ وحش
....
eläintarha

استخر شنای عمومی
....
uimala

مسجد
....
moskeija

مزرعه

maatila

آلودگی محیط زیست

ympäristön saastuminen

قبرستان

hautausmaa

كليسا

kirkko

زمین بازی

leikkikenttä

معبد

temppeli

چشم انداز

maisema

برگ
lehti

تابلوی راهنمای مسیر
tienviitta

راه
tie

چمنزار
niitty

سنگ
kivi

درخت
puu

راه نورد
retkeilijä

رودخانه
joki

چمن
ruoho

گل
kukka

دره

laakso

تپه

vuori

دریاچه

järvi

جنگل

metsä

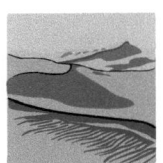

بیابان

aavikko

کوه آتشفشان

tulivuori

قلعه

linna

رنگین کمان

sateenkaari

قارچ

sieni

درخت نخل

palmu

پشه

hyttynen

مگس

kärpänen

مورچه

muurahainen

زنبور

mehiläinen

عنکبوت

hämähäkki

سوسک

kovakuoriainen

قورباغه

sammakko

سنجاب

orava

جوجه تیغی

siili

خرگوش صحرایی

jänis

جغد

pöllö

پرنده

lintu

قو

joutsen

گراز

villisika

گوزن نر

peura

گوزن شمالی

hirvi

سد آب

pato

توربین بادی

tuulimylly

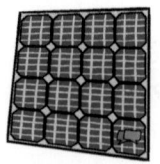

صفحه ی خورشیدی

aurinkopaneeli

آب و هوا

ilmasto

رستوران
ravintola

پیشخدمت رستوران
tarjoilija
منوی غذا
ruokalista
صندلی
tuoli
سوپ
keitto
پیتزا
pitsa
سرویس کارد و قاشق و چنگال
ruokailuvälineet
رومیزی
pöytäliina

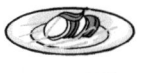

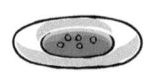

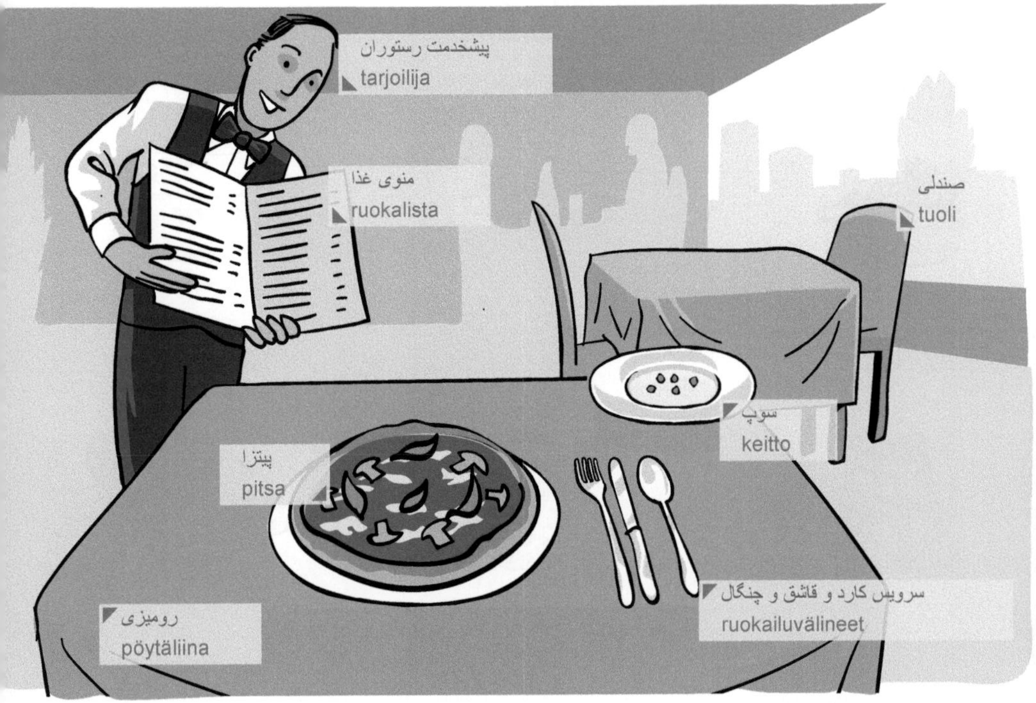

پیش‌غذا
alkuruoka

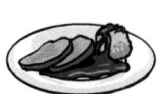

غذای اصلی
pääruoka

دسر
jälkiruoka

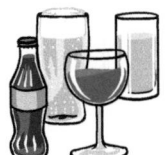

نوشیدنی ها
juomat

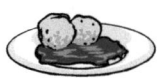

غذا
ruoka

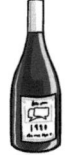

بطری
pullo

فست فود

pikaruoka

اغذیه خیابانی

katuruoka

قوری

teekannu

قندان

sokeriastia

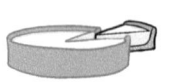

پُرس غذا

annos

دستگاه اسپرسو

espressokeitin

صندلی پایه بلند غذاخوری بچه

syöttötuoli

صورتحساب

lasku

سینی

tarjotin

چاقو

veitsi

چنگال

haarukka

قاشق

lusikka

قاشق چایخوری

teelusikka

دستمال سفره

servietti

لیوان

lasi

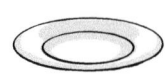

بشقاب

lautanen

بشقاب سوپخورى

syvä lautanen

نعلبكى

aluslautanen

سس

kastike

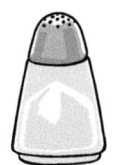

نمكدان

suolasirotin

فلفل ساب

pippurimylly

سركه

etikka

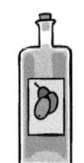

روغن خوراكى

öljy

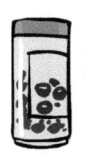

ادويه جات

mausteet

سس كچاپ

ketsuppi

سس خردل

sinappi

سس مايونز

majoneesi

سوپرمارکت

supermarketti

پیشنهاد ویژه
tarjous
FOR
مشتری
asiakas
لبنیات
maitotuotteet
میوه جات
hedelmät
چرخ دستی خرید
ostoskärryt

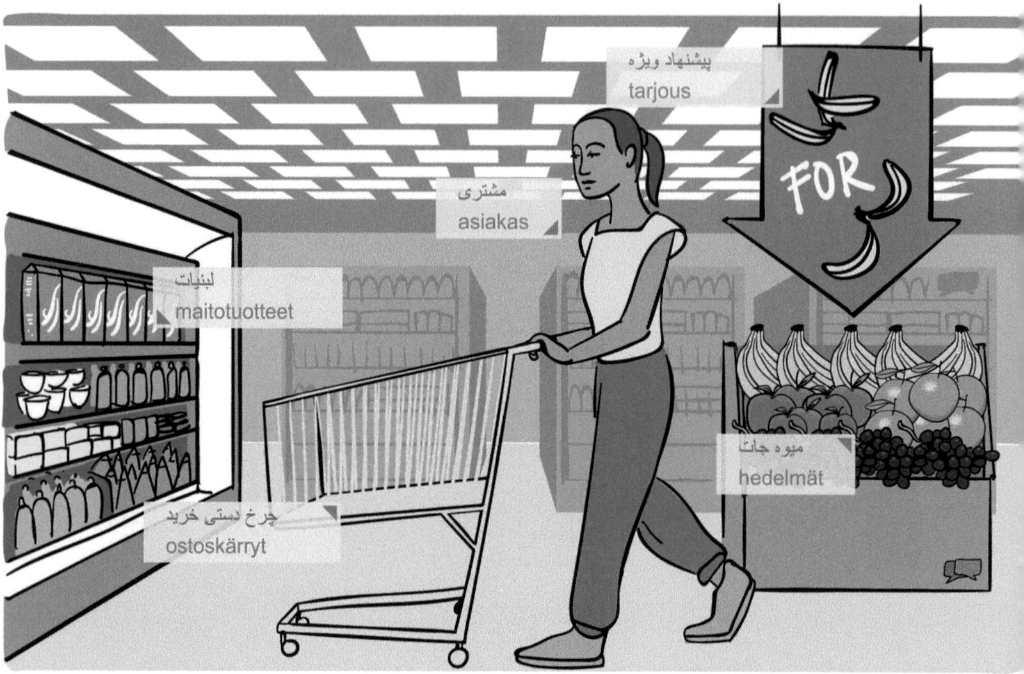

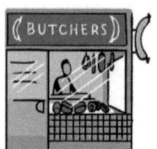

BUTCHERS

قصابی
teurastamo

BAKERY

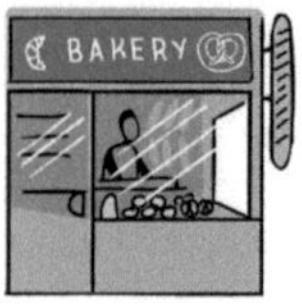

نانوایی
leipomo

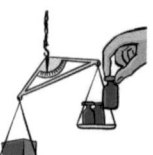

وزن کردن
punnita

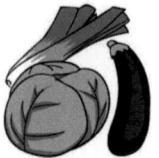

سبزیجات
kasvikset

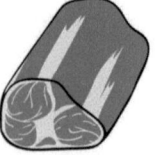

گوشت
liha

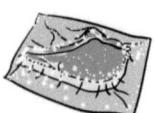

غذای منجمد
pakasteet

مخلوطی از انواع کالباس یا پنیر که ورقه ای بریده شده باشند

leikkele

غذای کنسروی

säilykkeet

پودر لباسشویی

pesujauhe

شیرینی جات

makeiset

لوازم خانگی

kotitaloustarvikkeet

ماده شوینده و پاک کننده

puhdistusaineet

فروشنده

myyjä

صندوق پرداخت

kassa

صندوقدار

kassanhoitaja

لیست خرید

ostoslista

ساعات کار

aukioloajat

کیف پول

lompakko

کارت اعتباری

luottokortti

کیف

kassi

کیسه ی پلاستیکی

muovipussi

آب
vesi

آبمیوه
mehu

شیر
maito

نوشابه کوکاکولا
kokis

شراب
viini

آبجو
olut

الکل
alkoholi

کاکائو
kaakao

چای
tee

قهوه
kahvi

قهوه اسپرسو
espresso

کاپوچینو
cappuccino

موز

banaani

سیب

omena

پرتقال

appelsiini

انواع هندوانه و خربزه

meloni

لیمو

sitruuna

هویج

porkkana

سیر

valkosipuli

نی بامبو

bambu

پیاز

sipuli

قارچ

sieni

آجیل

pähkinät

ماکارونی

spagetti

اسپاگتی

spagetti

برنج

riisi

سالاد

salaatti

سیب زمینی سرخ کرده

ranskalaiset

سیب زمینی سرخ شده

paistetut perunat

پیتزا

pitsa

همبرگر

hampurilainen

ساندویچ

voileipä

شنیتسل

leike

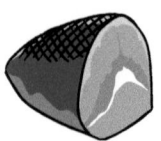

ژامبون خوک

kinkku

سالامی

salami

سوسیس

makkara

مرغ

kana

نوعی گوشت سرخ شده

paisti

ماهی

kala

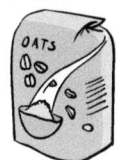

جوی پرک شده

kaurahiutaleet

نوعی صبحانه مخلوطی از برگه ذرت و
میوه های خشک شده و خشکبار که
معمولا با شیر خورده می شود
mysli

کورنفلکس

murot

آرد

jauho

کرواسان

voisarvi

نان بروتشن

sämpylä

نان

leipä

نان تست

paahtoleipä

بیسکویت

keksit

گره

voi

کشک

rahka

کیک

kakku

تخم مرغ

kananmuna

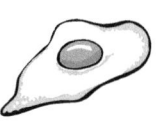

تخم مرغ نیمرو

paistettu kananmuna

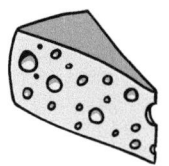

پنیر

juusto

بستنی

jäätelö

شکر

sokeri

عسل

hunaja

مربا

hillo

کرم شکلاتی بادامی

suklaapähkinälevite

ادویه کاری

curry

مزرعه

maatila

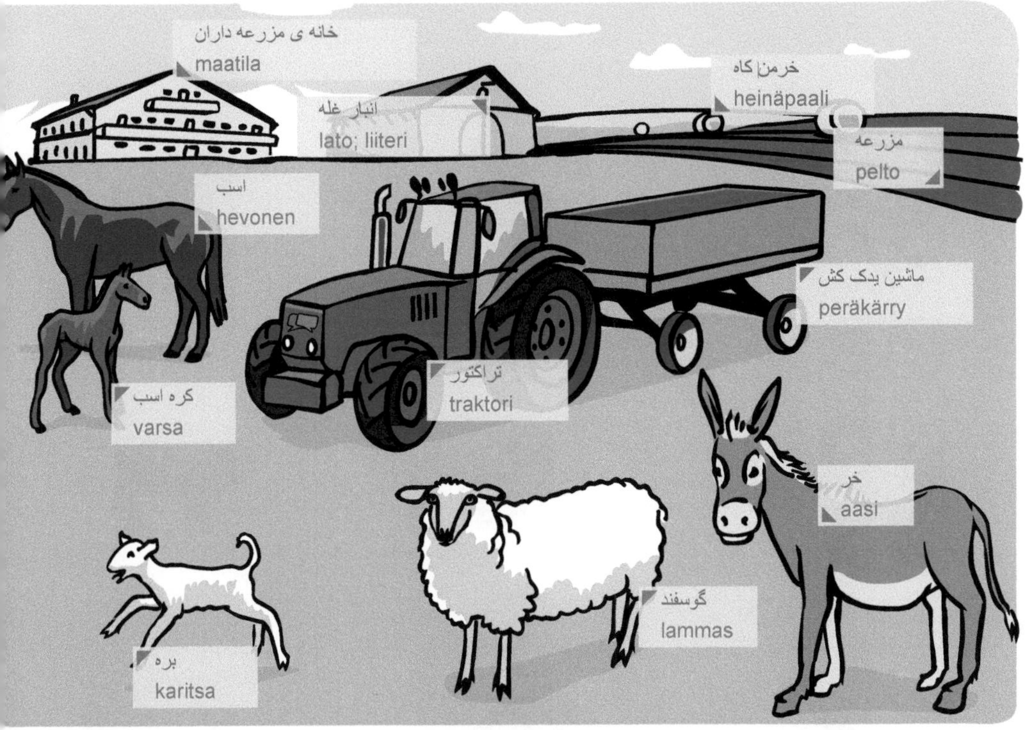
خانه ی مزرعه داران
maatila
انبار غله
lato; liiteri
خرمن گاه
heinäpaali
مزرعه
pelto
اسب
hevonen
ماشین یدک کش
peräkärry
تراکتور
traktori
کره اسب
varsa
خر
aasi
گوسفند
lammas
بره
karitsa

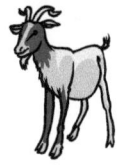

بز

vuohi

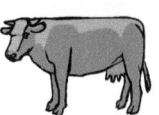

گاو ماده

lehmä

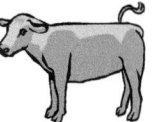

گوساله

vasikka

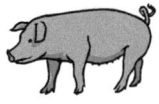

خوک

sika

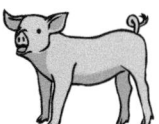

بچه خوک

porsas

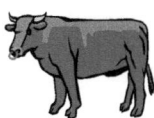

گاو نر

sonni

غاز

hanhi

اردک

ankka

جوجه

tipu

مرغ

kana

خروس

kukko

موش صحرایی

rotta

گربه

kissa

موش

hiiri

گاو نر اخته

härkä

سگ

koira

لانه ی سگ

koirankoppi

شلنگ باغبانی

puutarhaletku

آبپاش

kastelukannu

داس دسته بلند

viikate

گاوآهن

aura

داس

sirppi

کج بیل

kuokka

چنگک باغبانی

talikko

تبر

kirves

فرقون

kottikärryt

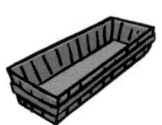

آبشخور

kaukalo

بطری نگهداری شیر

maitokannu

کیسه

säkki

حصار

aita

اصطبل

talli

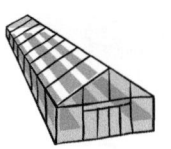

گلخانه

kasvihuone

خاک

maa

بذر

siemen

کود

lannoite

ماشین کمباین

leikkuupuimuri

برداشت کردن محصول

kerätä sato

محصول

sato

تمیس

jamssit

گندم

vehnä

سویا

soija

سیب زمینی

peruna

ذرت

maissi

کلزا

rypsi

درخت میوه

hedelmäpuu

گیاه مانیوک

maniokki

غلات

vilja

دودکش
savupiippu

پشت بام
katto

ناودان
sadevesikouru

پنجره
ikkuna

گاراژ
autotalli

زنگ در
ovikello

در
ovi

سطل آشغال
roska-astia

صندوق مراسلات
postilaatikko

باغ
puutarha

اتاق نشیمن

olohuone

حمام

kylpyhuone

آشپزخانه

keittiö

اتاق خواب

makuuhuone

اتاق بچه

lastenhuone

ناهارخوری

ruokahuone

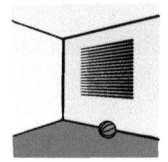

كف زمين

lattia

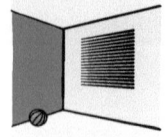

ديوار

seinä

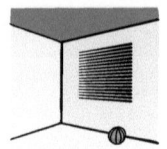

سقف

katto

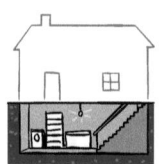

زيرزمين

kellari

سونا

sauna

بالكن

parveke

تراس

terassi

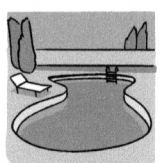

استخر

uima-allas

ماشين چمنزنی

ruohonleikkuri

ملافه

lakana

روتختی

päiväpeitto

تخت خواب

sänky

جارو

harja

سطل

ämpäri

سويچ يا كليد

katkaisin

اتاق نشیمن

olohuone

کاغذ دیواری
tapetti
عکس
kuva
لامپ
lamppu
قفسه
hylly
کابینت
kaappi
تلویزیون
televisio
شومینه
takka
گل
kukka
کوسن
tyyny
کاناپه
sohva
گلدان
maljakko
کنترل تلویزیون و ویدئو و غیره
kaukosäädin

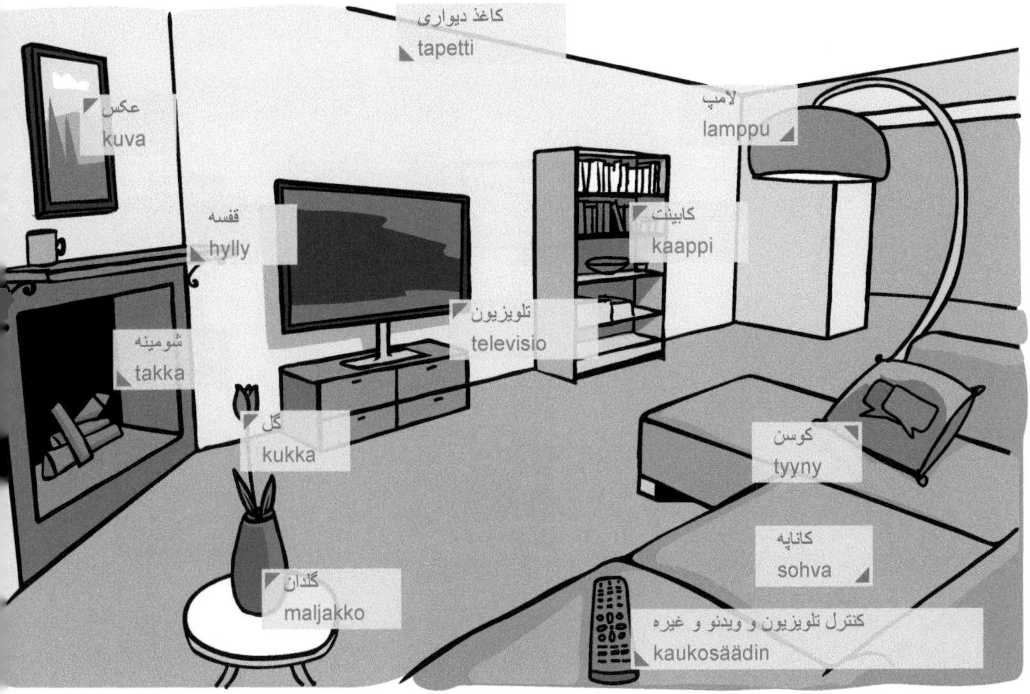

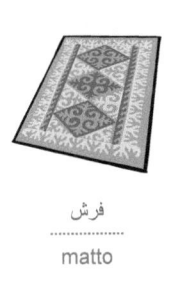

فرش

matto

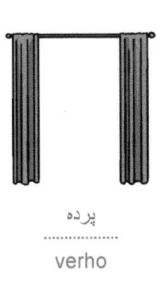

پرده

verho

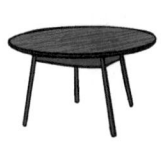

میز

pöytä

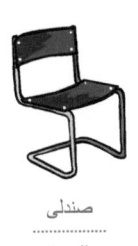

صندلی

tuoli

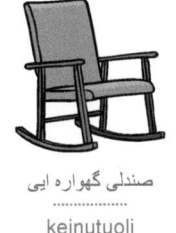

صندلی گهواره ایی

keinutuoli

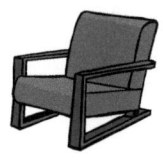

صندلی راحتی

nojatuoli

كتاب

kirja

لحاف

peitto

دكوراسيون

koriste

هيزم

polttopuut

فيلم

elokuva

دستگاه ضبط صوت

stereot

كليد

avain

روزنامه

sanomalehti

تابلو نقاشى

maalaus

پوستر

juliste

راديو

radio

دفترچه يادداشت

muistivihko

جاروبرقى

pölynimuri

كاكتوس

kaktus

شمع

kynttilä

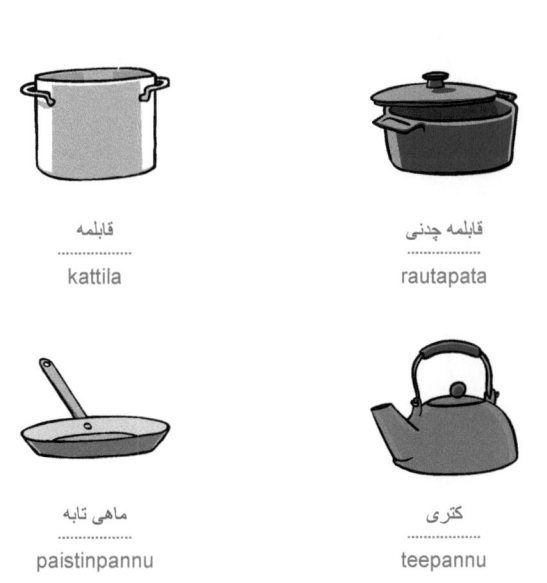

آشپزخانه
keittiö

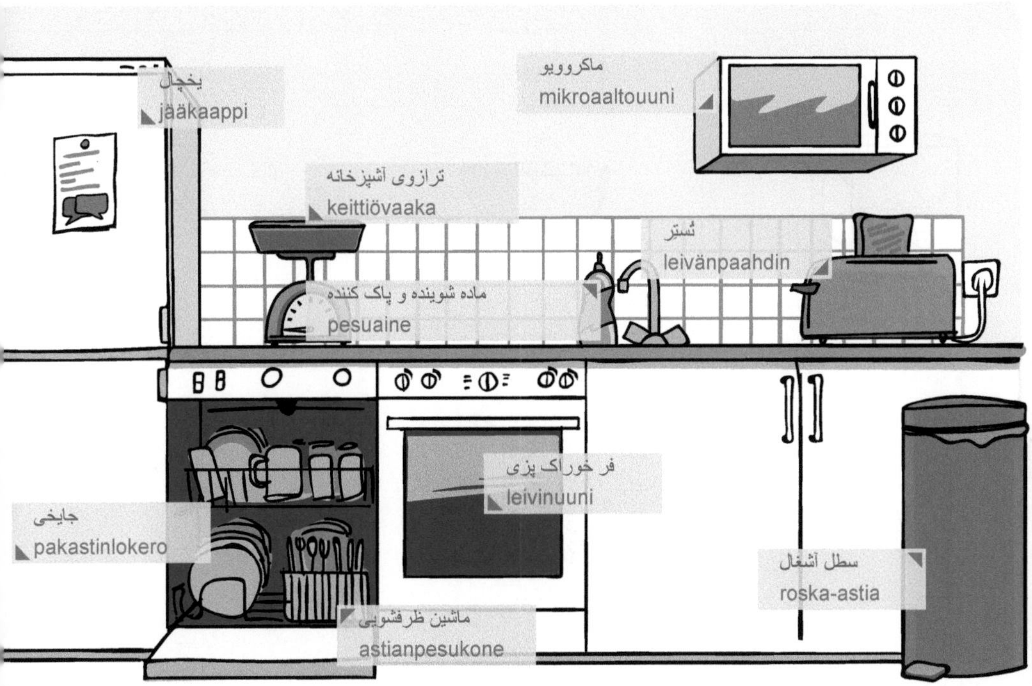

یخچال
jääkaappi
ماکروویو
mikroaaltouuni
ترازوی آشپزخانه
keittiövaaka
تُستر
leivänpaahdin
ماده شوینده و پاک کننده
pesuaine
فر خوراک پزی
leivinuuni
جایخی
pakastinlokero
سطل آشغال
roska-astia
ماشین ظرفشویی
astianpesukone

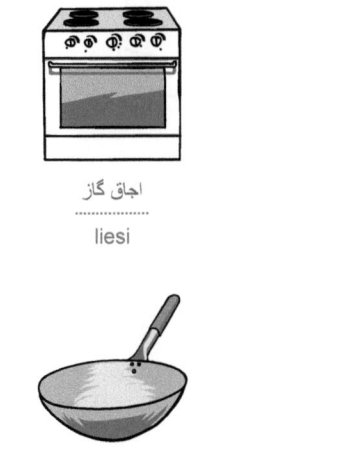

اجاق گاز

liesi

قابلمه

kattila

قابلمه چدنی

rautapata

ماهی تابه گود

vokkipannu / kadai-pannu

ماهی تابه

paistinpannu

کتری

teepannu

بخارپز

höyrykeitin

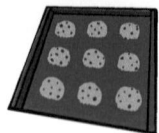

سینی فر

uunipelti

ظرف چینی آشپزخانه

astiat

لیوان

muki

کاسه

kulho

چاپستیک

syömäpuikot

ملاقه

kauha

کفگیر

paistinlasta

همزن

vispilä

آبکش

siivilä

آبکش

siivilä

رنده

raastin

هاون

mortteli

باربیکیو

grilli

محل مخصوص افروختن آتش

avotuli

تخته گوشت و سبزی

leikkuulauta

وردنه

kaulin

در بطری بازکن

korkinavaaja

قوطی

purkki

در قوطی بازکن

purkinavaaja

دستگیره پارچه ای

pannulappu

سینک ظرفشویی

lavuaari

برس گردگیری

tiskiharja

اسفنج

pesusieni

مخلوط کن

tehosekoitin

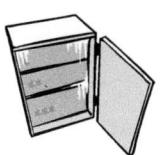

فریزر

pakastin

شیشه شیر بچه

tuttipullo

شیر آب

vesihana

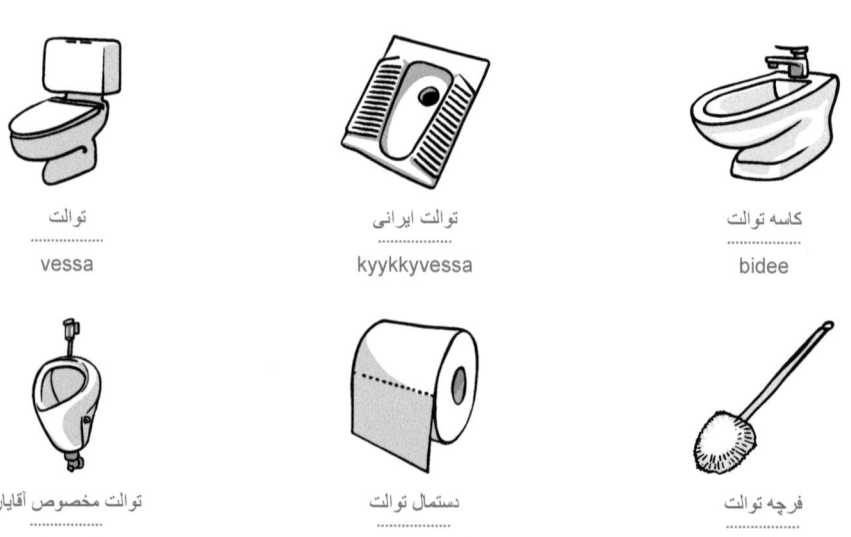

حمام

kylpyhuone

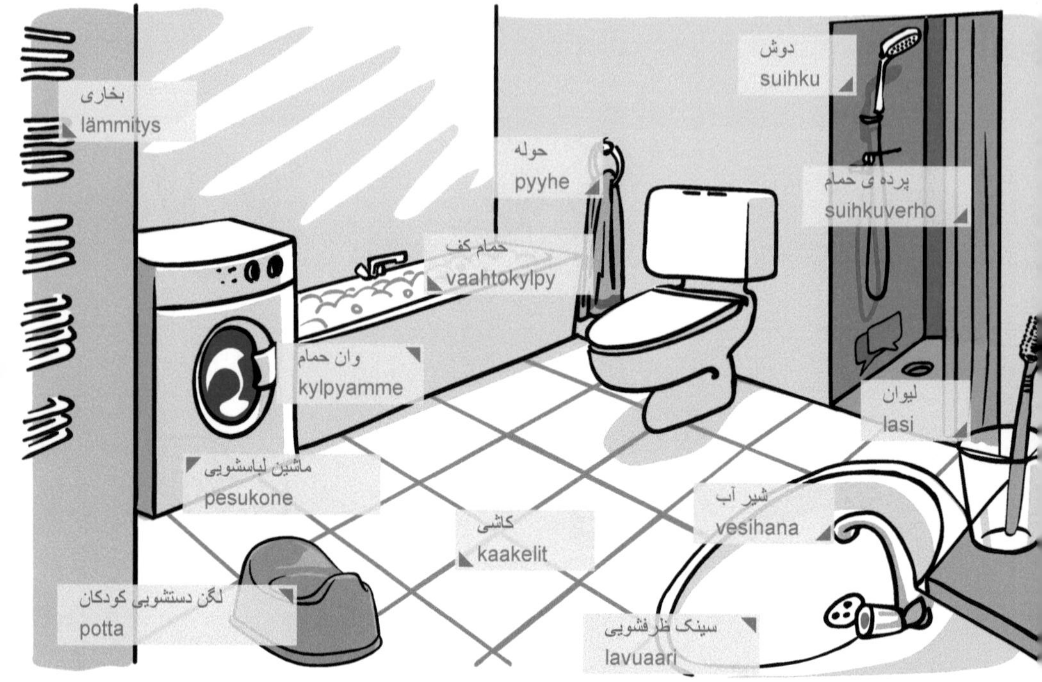

دوش
suihku
بخاری
lämmitys
حوله
pyyhe
پرده ی حمام
suihkuverho
حمام کف
vaahtokylpy
وان حمام
kylpyamme
لیوان
lasi
ماشین لباسشویی
pesukone
شیر آب
vesihana
کاشی
kaakelit
لگن دستشویی کودکان
potta
سینک ظرفشویی
lavuaari

توالت

vessa

توالت ایرانی

kyykkyvessa

کاسه توالت

bidee

توالت مخصوص آقایان

pisuaari

دستمال توالت

vessapaperi

فرچه توالت

vessaharja

مسواک

hammasharja

خمیردندان

hammastahna

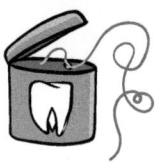

نخ دندان

hammaslanka

شستن

pestä

دوش آب تلفنی

käsisuihku

شلنگ توالت

intiimisuihku

لگن روشویی

pesuvati

برس شست و شوی پشت

selkäharja

صابون

saippua

شامپو بدن

suihkugeeli

شامپو

shampoo

لیف حمام

pesulappu

راه آب

viemäri

کرم

voide

اسپری دئودورانت

deodorantti

آیینه

peili

آیینه ی کوچک دستی

käsipeili

تیغ ریش تراشی

partaveitsi

کف ریش‌تراشی

partavaahto

أفترشیو

partavesi

شانه ی سر

kampa

برس

harja

سشوار

hiustenkuivaaja

اسپری مو

hiuslakka

آرایش

meikki

رژلب

huulipuna

لاک ناخن

kynsilakka

پنبه

pumpuli

قیچی ناخن

kynsisakset

عطر

hajuvesi

کیف لوازم آرایشی و بهداشتی

kosmetiikkalaukku

چهارپایه

jakkara

ترازو

vaaka

حوله ی پالتویی

kylpytakki

دستکش ظرفشویی

kumihansikkaat

تامپون

tamponi

نوار بهداشتی

terveysside

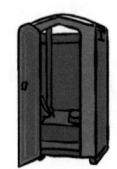

توالت سیار

kemiallinen wc

اتاق بچه
lastenhuone

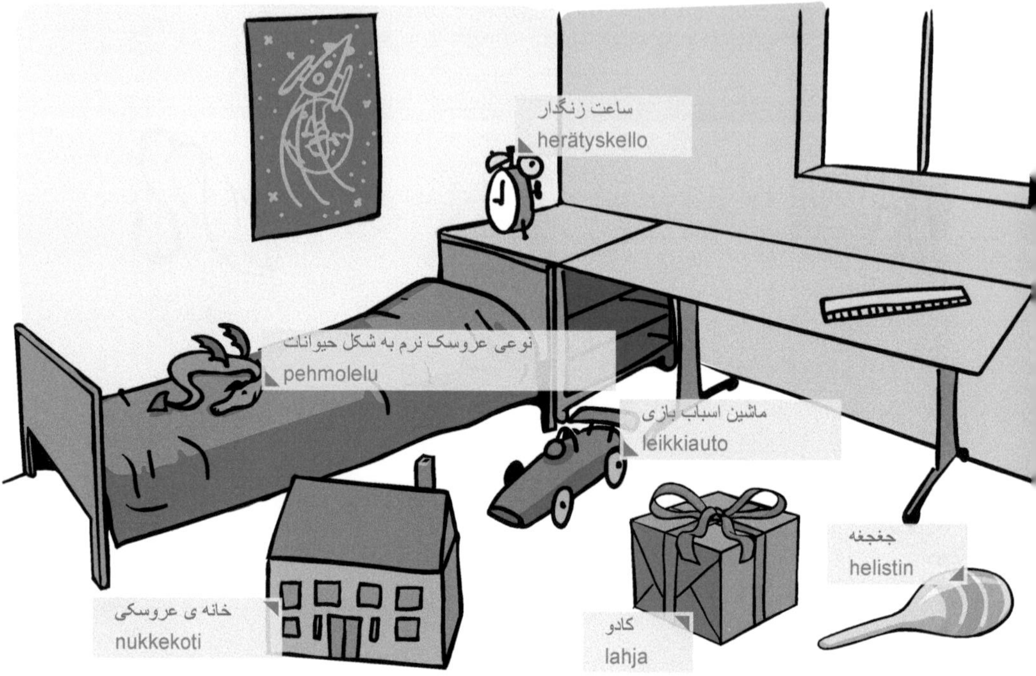

ساعت زنگدار
herätyskello
نوعی عروسک نرم به شکل حیوانات
pehmolelu
ماشین اسباب بازی
leikkiauto
جغجغه
helistin
خانه ی عروسکی
nukkekoti
کادو
lahja

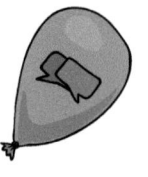

بادکنک
....
ilmapallo

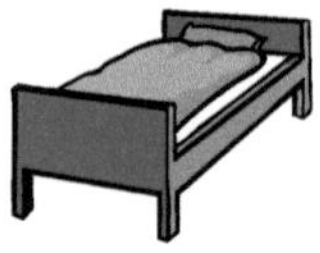

تخت خواب
....
sänky

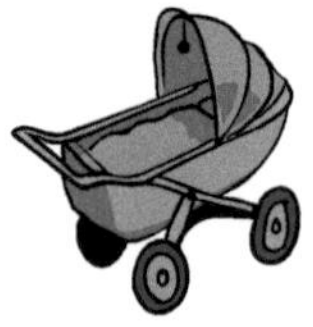

کالسکه بچه
....
lastenvaunut

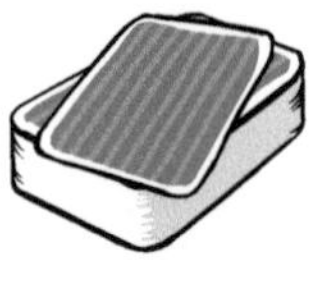

بازی ورق
....
korttipeli

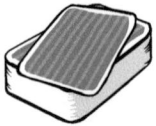

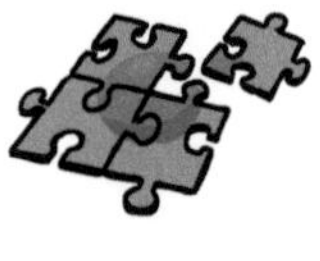

پازل
....
palapeli

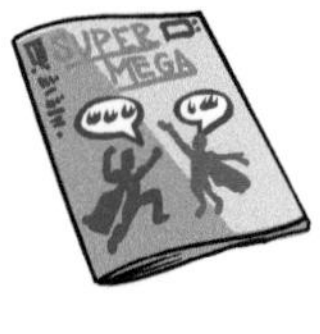

داستان مصور
....
sarjakuva

اسباب بازی لگو

legopalikat

خانه سازی

rakennuspalikat

عروسک شخصیت های فیلم و کارتون

supersankari

لباس نوزاد

potkupuku

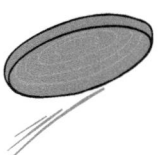

فریزبی

frisbee

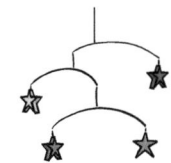

نوعی اسباب بازی که روی تخت نوزاد
یا کودک نصب می شود

mobile

بازی روی صفحه

lautapeli

تاس

noppa

قطار اسباب بازی

pienoisjunarata

پستانک

tutti

مهمانی

juhlat

کتاب مصور

kuvakirja

توپ

pallo

عروسک

nukke

بازی کردن

leikkiä

جعبه شنی مخصوص بازی کودکان

hiekkalaatikko

تاب

keinu

اسباب بازی

lelut

کنسول بازی های کامپیوتری

pelikonsoli

سه چرخه

kolmipyörä

خرس عروسکی

nalle

کمد لباس

vaatekaappi

لباس

vaatteet

جوراب

sukat

جوراب زنانه ساق بلند

nylonsukat

جوراب شلواری

sukkahousut

شال
kaulaliina

چتر
sateenvarjo

تی شرت
t-paita

کمربند
vyö

کفش ورزشی کتانی
lenkkarit

پوتین
saappaat

دمپایی
sisätossut

صندل
sandaalit

کفش
kengät

چکمه پلاستیکی
kumisaappaat

شرت
alushousut

سوتین
rintaliivit

جلیقه
aluspaita

لباس - vaatteet

45

بادی

body

شلوار

housut

جین

farkut

دامن

hame

بلوز

pusero

پیراهن

paita

پلیور

villapaita

سویی شرت

collegepaita

نوعی کت

jakku

ژاکت

takki

کت بلند

takki

بارانی

sadetakki

لباس نمایش

puku

لباس

mekko

لباس عروس

hääpuku

كت و شلوار

puku

لباس خواب زنانه

yöpaita

پیژامه

pyjama

ساری

shari

روسری

päähuivi

عمامه

turbaani

برقع

burka

قبا

kaftaani

عبا

abaya

لباس شنا

uimapuku

شرت شنا

uimahousut

شلوارک

shortsit

لباس ورزشی

verkkarit

پیشبند

esiliina

دستکش

käsineet

دكمه

nappi

عینک

silmälasit

دستبند

rannekoru

گردنبند

kaulakoru

انگشتر

sormus

گوشواره

korvakoru

کلاه لبه دار

lippalakki

چوب لباسی

ripustin

کلاه

hattu

کراوات

solmio

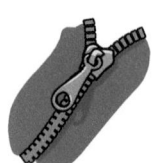

زیپ

vetoketju

کلاه ایمنی

kypärä

بند شلوار

henkselit

لباس مدرسه

koulupuku

لباس فرم

univormu

پیش بند بچه

ruokalappu

پستانک

tutti

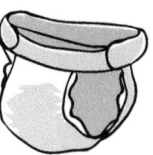

پوشک بچه

vaippa

اداره

toimisto

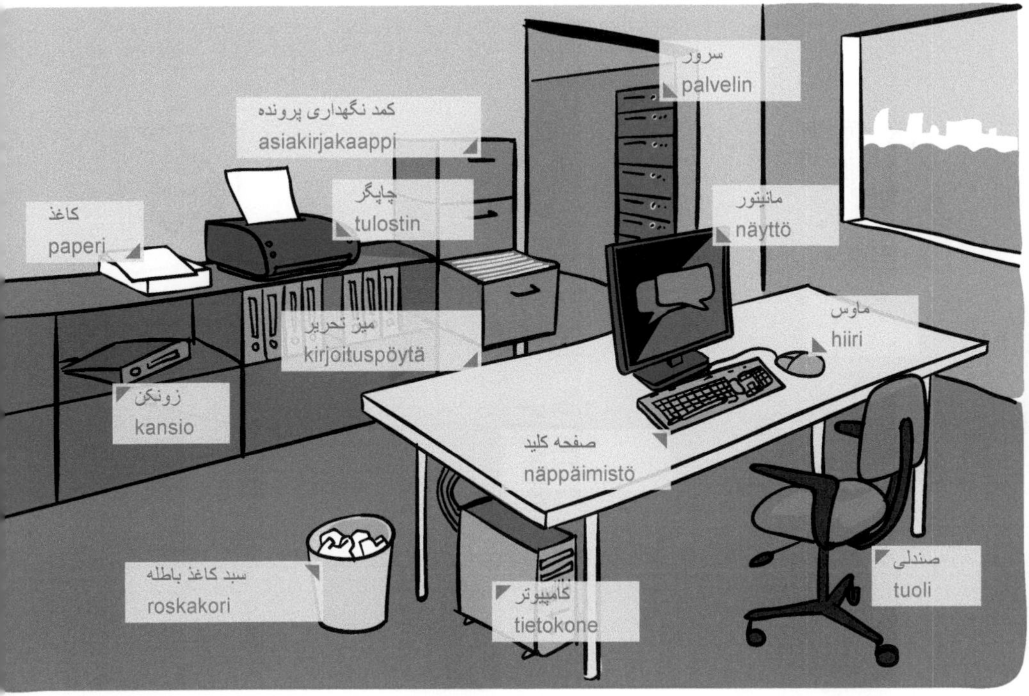

سرور
palvelin

کمد نگهداری پرونده
asiakirjakaappi

مانیتور
näyttö

چاپگر
tulostin

کاغذ
paperi

ماوس
hiiri

میز تحریر
kirjoituspöytä

زونکن
kansio

صفحه کلید
näppäimistö

سبد کاغذ باطله
roskakori

صندلی
tuoli

کامپیوتر
tietokone

لیوان قهوه

kahvimuki

ماشین حساب

taskulaskin

اینترنت

internet

لپ تاپ

kannettava tietokone

نامه

kirje

پیغام

viesti

تلفن همراه

kännykkä

شبکه ی ارتباطی

verkko

دستگاه فتوکپی

kopiokone

نرم افزار

ohjelmisto

تلفن

puhelin

پریز

pistorasia

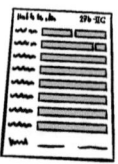

دستگاه فاکس

faksi

فرم

lomake

مدرک

asiakirja

خریدن

ostaa

پرداخت کردن

maksaa

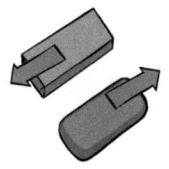

تجارت کردن

vaihtaa

پول

raha

دلار

dollari

یورو

euro

ین

jeni

روبل

rupla

فرانک سوئیس

frangi

یوان رنمینبی

renminbi juan

روپیه

rupia

دستگاه خودپرداز

pankkiautomaatti

صرافى

rahanvaihto

طلا

kulta

نقره

hopea

نفت

öljy

انرژى

energia

قيمت

hinta

قرارداد

sopimus

ماليات

vero

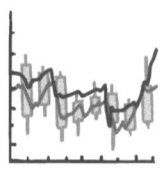

سهام سرمايه

osake

كار كردن

työskennellä

كارمند

työntekijä

كارفرما

työnantaja

كارخانه

tehdas

مغازه

liike

مشاغل
ammatit

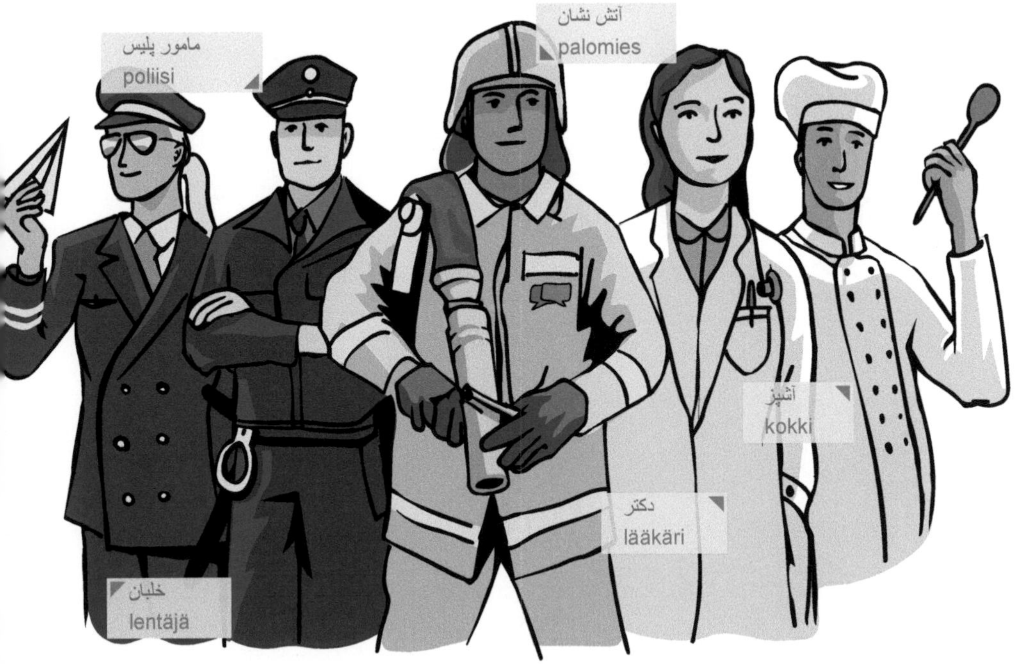

مامور پلیس
poliisi
آتش نشان
palomies
آشپز
kokki
دکتر
lääkäri
خلبان
lentäjä

باغبان

puutarhuri

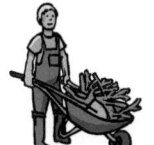

نجار

puuseppä

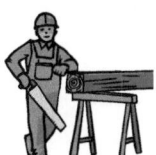

خیاط زنانه

ompelija

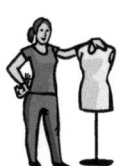

قاضی

tuomari

شیمیدان

kemisti

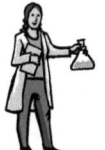

بازیگر

näyttelijä

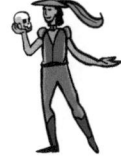

راننده اتوبوس

linja-autonkuljettaja

راننده تاکسی

taksinkuljettaja

ماهیگیر

kalastaja

نظافتچی زن

siivooja

سقف ساز

katontekijä

پیشخدمت رستوران

tarjoilija

شکارچی

metsästäjä

نقاش

maalari

نانوا

leipuri

برقکار

sähköasentaja

کارگر ساختمانی

rakentaja

مهندس

insinööri

قصاب

teurastaja

لوله کش

putkiasentaja

پستچی

postinjakaja

سرباز

sotilas

معمار

arkkitehti

صندوقدار

kassanhoitaja

گل فروش

floristi

آرایشگر

kampaaja

مامور کنترل بلیط در قطار

konduktööri

مکانیک

mekaanikko

ناخدا

kapteeni

دندانپزشک

hammaslääkäri

دانشمند

tiedemies

عالم یهودی

rabbi

امام

imaami

راهب

munkki

کشیش

pappi

ابزارآلات

työkalut

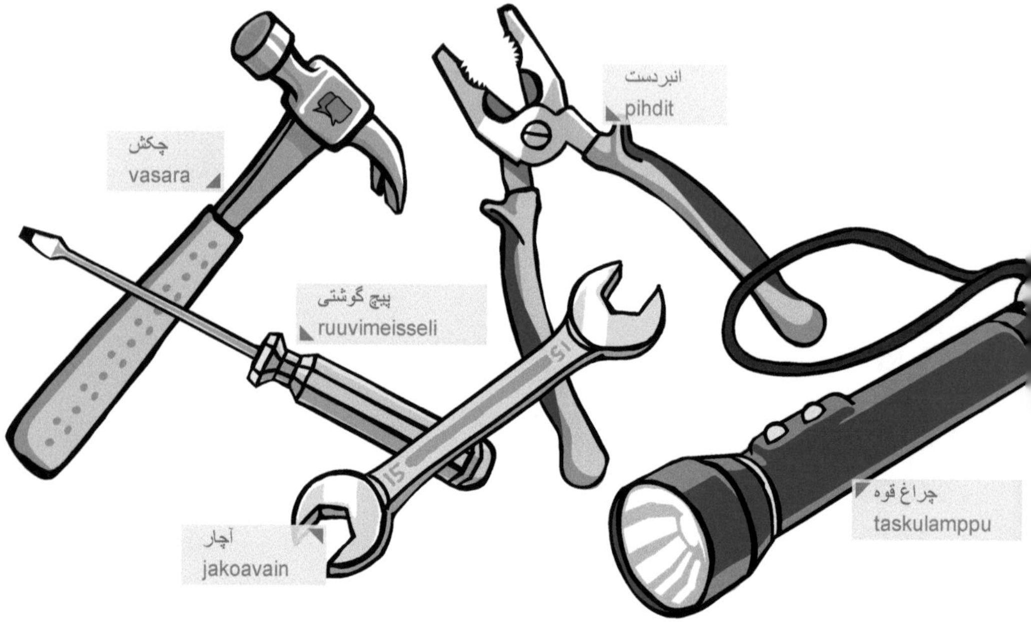
انبردست
pihdit
چکش
vasara
پیچ گوشتی
ruuvimeisseli
آچار
jakoavain
چراغ قوه
taskulamppu

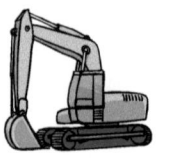

بیل مکانیکی

kaivinkone

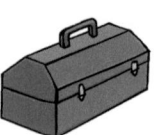

جعبه ابزار

työkalupakki

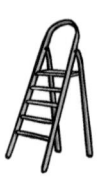

نردبان

tikkaat

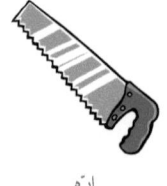

ارّه

saha

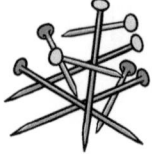

میخ

naulat

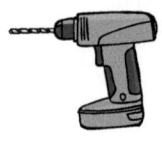

مته

pora

تعمیر کردن

korjata

بیل

lapio

لعنتی!

Hitto!

خاک انداز

rikkalapio

سطل رنگرزی

maalipurkki

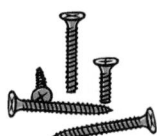

پیچ

ruuvit

آلات موسیقی
soittimet

بلندگو
kaiuttimet

درامز
rummut

گیتار
kitara

کنترباس
kontrabasso

ترومپت
trumpetti

پیانو

piano

ویولن

viulu

گیتار بیس

basso

تیمپانی

patarummut

طبل

rumpu

کیبورد الکتریک

kosketinsoitin

ساکسیفون

saksofoni

فلوت

huilu

میکروفون

mikrofoni

باغ وحش

eläintarha

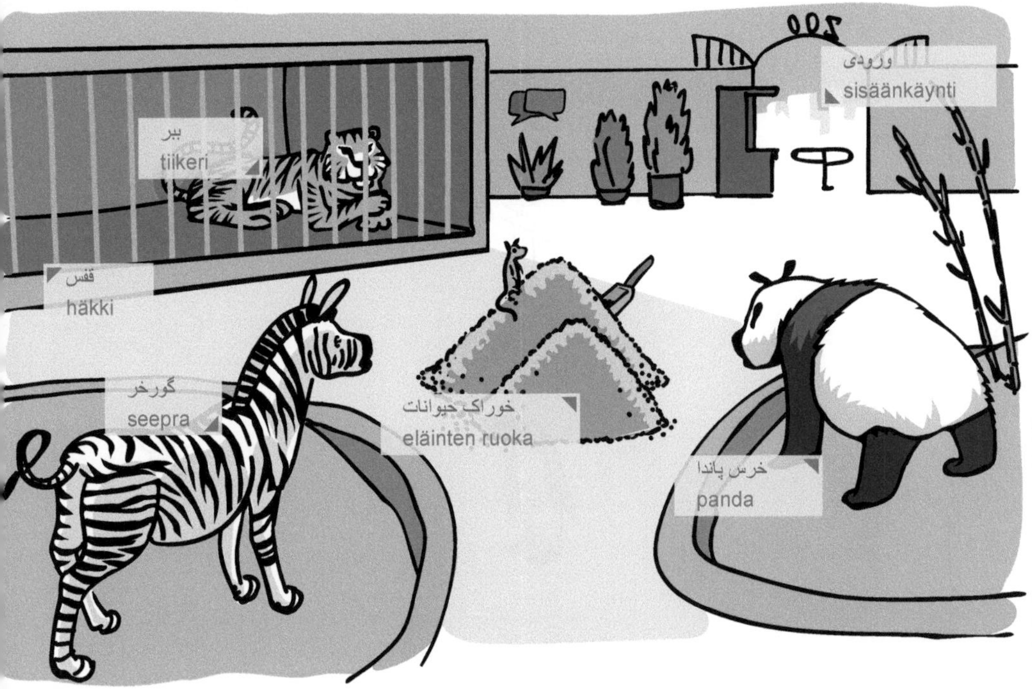

ورودی
sisäänkäynti
ببر
tiikeri
قفس
häkki
گورخر
seepra
خوراک حیوانات
eläinten ruoka
خرس پاندا
panda

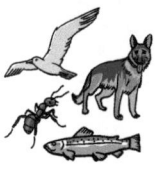

حیوانات

eläimet

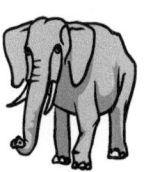

فیل

norsu

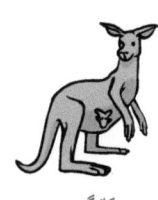

کانگورو

kenguru

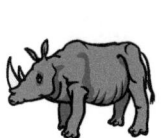

کرگدن

sarvikuono

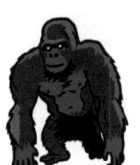

گوریل

gorilla

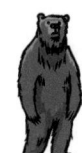

خرس

karhu

شُتُر

kameli

شُتُرمرغ

strutsi

شیر

leijona

میمون

apina

فلامینگو

flamingo

طوطی

papukaija

خرس قطبی

jääkarhu

پنگوئن

pingviini

کوسه

hai

طاووس

riikinkukko

مار

käärme

تمساح

krokotiili

نگهبان باغ وحش

eläintarhanhoitaja

خوک آبی

hylje

پلنگ امریکایی

jaguaari

اسب کوچک

poni

پلنگ

leopardi

اسب آبی

virtahepo

زرافه

kirahvi

عقاب

kotka

گراز

villisika

ماهی

kala

لاک پشت

kilpikonna

شیرماهی

mursu

روباه

kettu

غزال

gaselli

فوتبال آمریکایی
amerikkalainen jalkapallo

دوچرخه سواری
pyöräily

تنیس
tennis

بسکتبال
koripallo

شنا
uinti

هاکی روی یخ
jääkiekko

بوکس
nyrkkeily

فوتبال
jalkapallo

بدمینتون
sulkapallo

دوومیدانی
yleisurheilu

هندبال
käsipallo

اسکی
hiihto

پولو
poolo

فعالیت ها

aktiviteetit

خندیدن
nauraa
پریدن
hypätä
بغل کردن
halata
راه رفتن
kävellä
آواز خواندن
laulaa
رؤیا دیدن
unelmoida
دعا کردن
rukoilla
بوسیدن
suudella

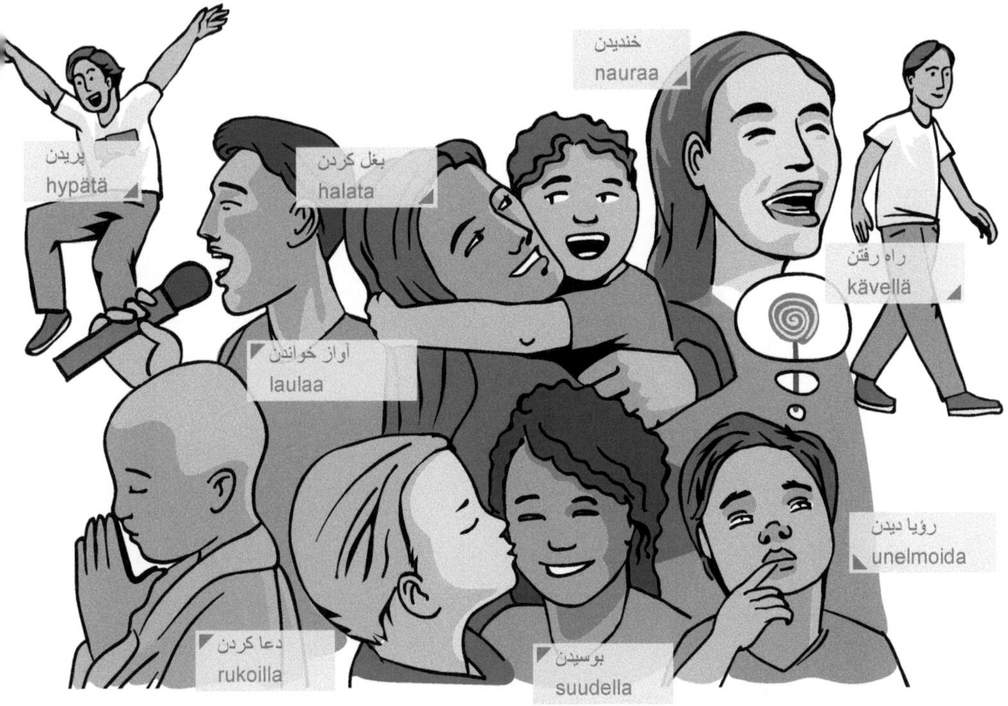

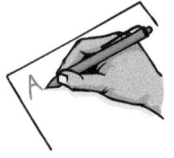

نوشتن

kirjoittaa

رسم کردن

piirtää

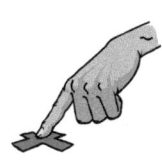

نشان دادن

näyttää

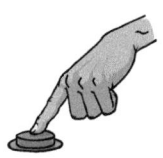

هل دادن

painaa

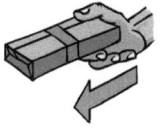

دادن

antaa

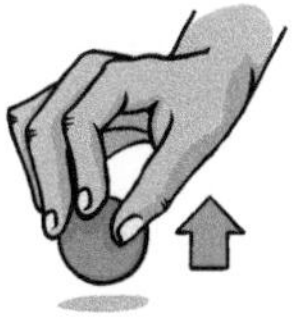

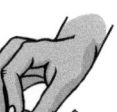

برداشتن

ottaa

داشتن

omistaa

انجام دادن

tehdä

بودن

olla

ایستادن

seisoa

دویدن

juosta

کشیدن

vetää

پرتاب کردن

heittää

افتادن

kaatua

دراز کشیدن

maata

منتظر بودن

odottaa

حمل کردن

kantaa

نشستن

istua

لباس پوشیدن

pukeutua

خوابیدن

nukkua

بیدار شدن

herätä

فعالیت ها - aktiviteetit

تماشا کردن

katsoa

گریه کردن

itkeä

نوازش کردن

silittää

شانه کردن

kammata

حرف زدن

puhua

فهمیدن

ymmärtää

پرسیدن

kysyä

شنیدن

kuunnella

آشامیدن

juoda

خوردن

syödä

مرتب کردن

siivota

عاشق بودن

rakastaa

پختن

keittää

رانندگی کردن

ajaa

پرواز کردن

lentää

قایقرانی کردن

purjehtia

محاسبه کردن

laskea

خواندن

lukea

یاد گرفتن

oppia

کار کردن

työskennellä

ازدواج کردن

mennä naimisiin

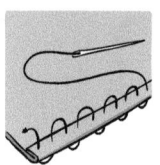

دوختن

ommella

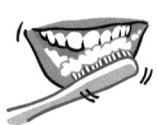

مسواک زدن

pestä hampaat

کشتن

tappaa

سیگار کشیدن

tupakoida

فرستادن

lähettää

خانواده
perhe

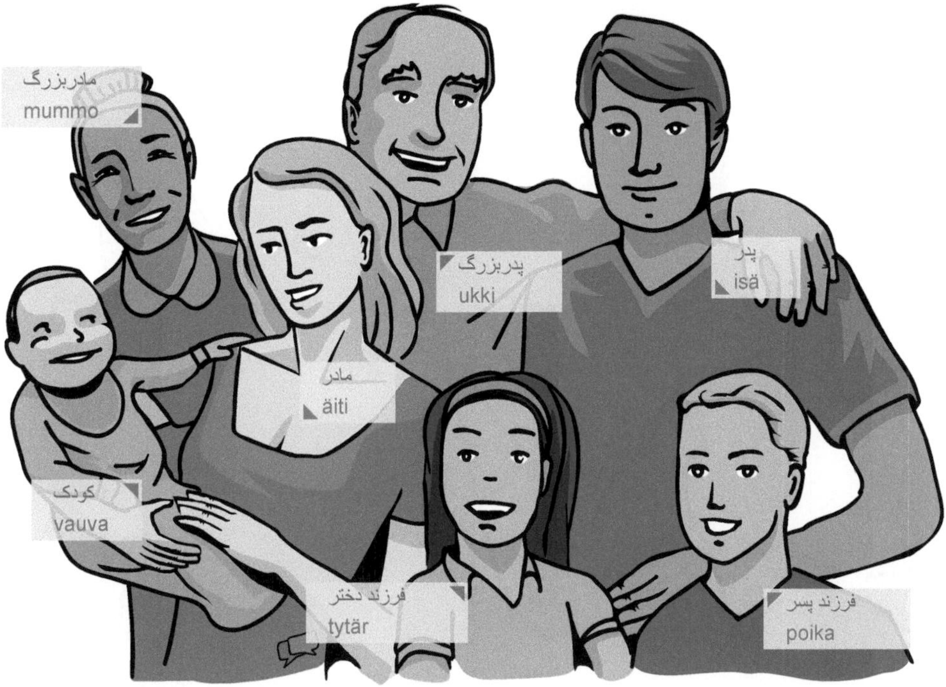
مادربزرگ
mummo
پدربزرگ
ukki
پدر
isä
مادر
äiti
کودک
vauva
فرزند دختر
tytär
فرزند پسر
poika

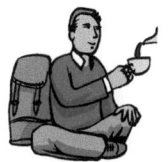

مهمان
....
vieras

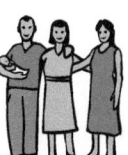

خاله، عمه
....
täti

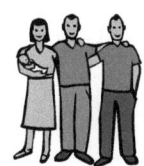

دایی، عمو
....
setä

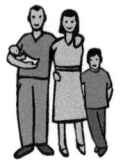

برادر
....
veli

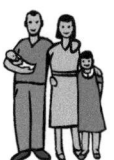

خواهر
....
sisko

vartalo

پیشانی
otsa

چشم
silmä

انگشت دست
sormet

شانه
olkapää

صورت
kasvot

چانه
leuka

دست
käsi

سینه
rinta

ساق پا
jalka

بازو
käsivarsi

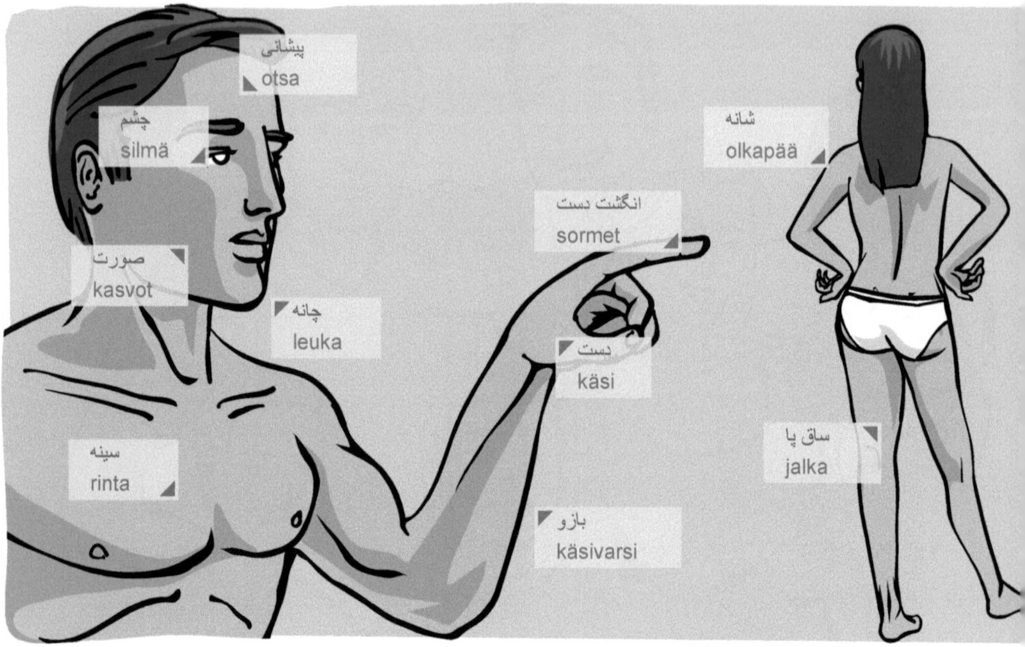

کودک

vauva

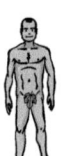

مرد

mies

زن

nainen

دختربچه

tyttö

پسربچه

poika

کله

pää

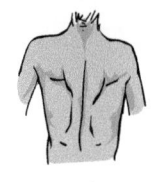

کمر

selkä

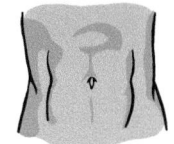

شکم

maha

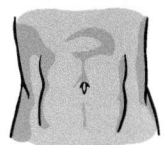

ناف

napa

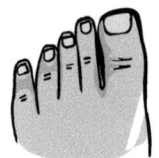

انگشت پا

varvas

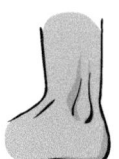

پاشنه

kantapää

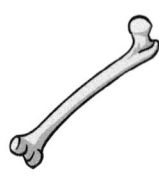

استخوان

luu

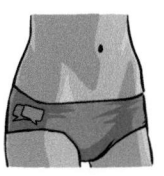

لگن

lantio

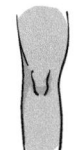

زانو

polvi

آرنج

kyynärpää

بینی

nenä

نشیمنگاه

takapuoli

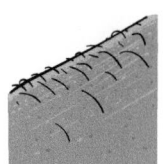

پوست

iho

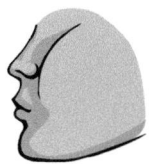

گونه

poski

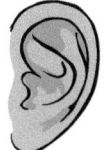

گوش

korva

لب

huuli

دهان

suu

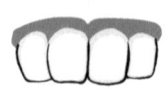

دندان

hammas

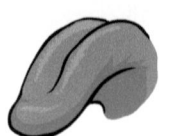

زبان

kieli

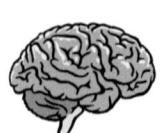

مغز

aivot

قلب

sydän

عضله

lihas

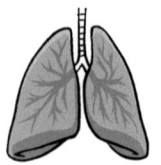

ریه

keuhkot

کبد

maksa

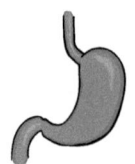

معده

vatsa

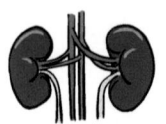

کلیه

munuaiset

آمیزش جنسی

seksi

کاندوم

kondomi

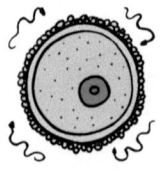

تخمک

munasolu

اسپرم

sperma

حاملگی

raskaus

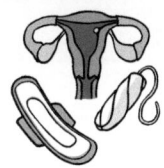

پريود

kuukautiset

واژن

vagina

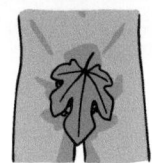

آلت تناسلی مرد

penis

ابرو

kulmakarvat

مو

hiukset

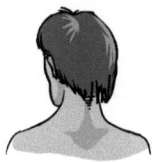

گردن

niska

بیمارستان

sairaala

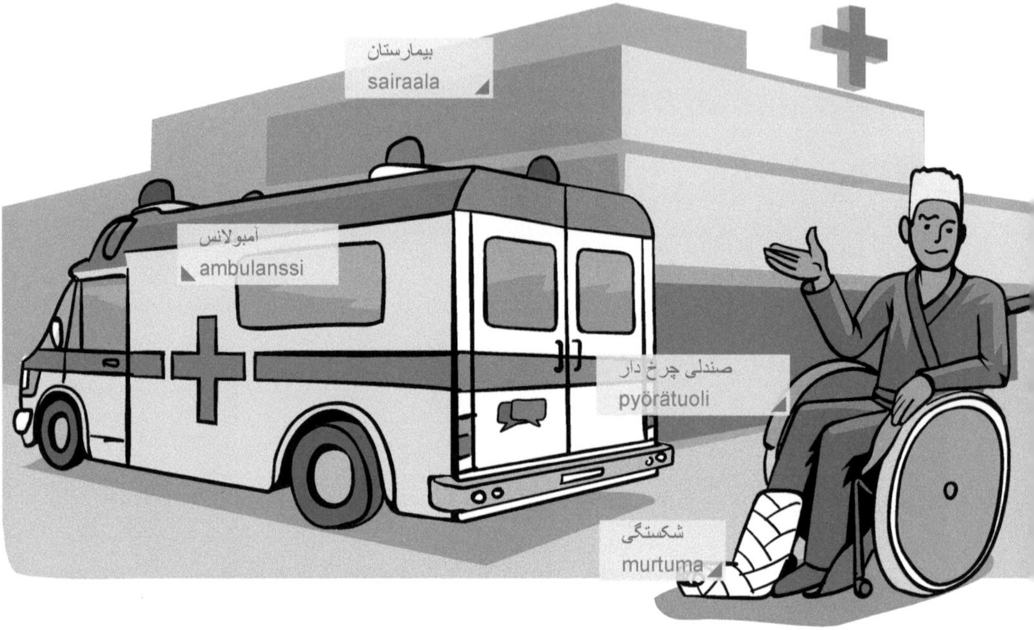
بیمارستان
sairaala
آمبولانس
ambulanssi
صندلی چرخ دار
pyörätuoli
شکستگی
murtuma

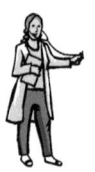

دکتر

lääkäri

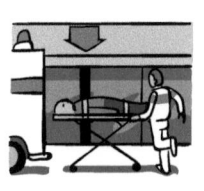

بخش اورژانس

ensiapu

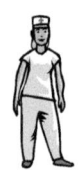

پرستار

sairaanhoitaja

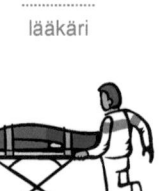

موقعیت اضطراری

hätätilanne

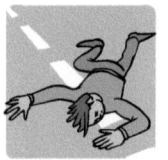

بی هوش

tajuton

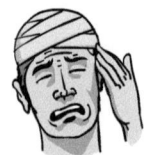

درد

kipu

مصدومیت

vamma

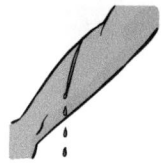

خونریزی

verenvuoto

سکته قلبی

sydänkohtaus

سکته مغزی

aivoinfarkti

آلرژی

allergia

سرفه

yskä

تب

kuume

آنفولانزا

flunssa

اسهال

ripuli

سردرد

päänsärky

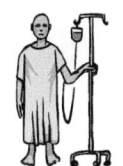

سرطان

syöpä

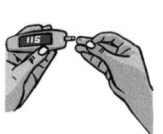

دیابت

diabetes

جراح

kirurgi

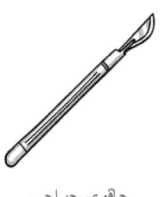

چاقوی جراحی

veitsi

عمل جراحی

leikkaus

سی تی اسکن

ct

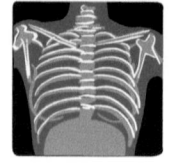

پرتونگاری

röntgen

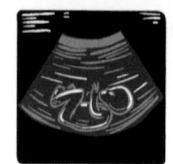

سونوگرافی

ultraääni

ماسک صورت

maski

بیماری

sairaus

اتاق انتظار

odotushuone

چوب زیر بغل

sauva

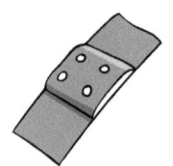

چسب زخم

laastari

پانسمان

side

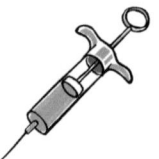

تزریق

pistos

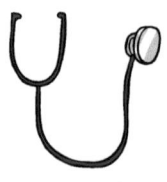

گوشی طبی

stetoskooppi

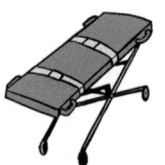

برانکار

paarit

دماسنج

kuumemittari

زایش

syntymä

اضافه وزن

ylipaino

سمعک

kuulolaite

ویروس

virus

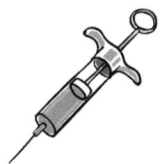

واکسیناسیون

rokotus

تماس اظطراری

hätäpuhelu

ماده ضد غفونی کننده

desinfiointiaine

اچ آی وی / ایدز

HIV / AIDS

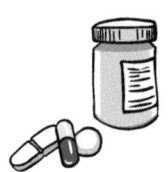

قرص

tabletit

دستگاه اندازه گیری فشارخون

verenpainemittari

عفونت

infektio

دارو

lääke

قرص ضد حاملگی

pilleri

مریض / سالم

sairas / terve

کمک!

Apua!

آژیر خطر

hälytys

حمله

ryöstö

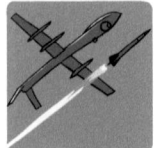

حمله ی فیزیکی

hyökkäys

خطر

vaara

خروج اظطراری

hätäuloskäynti

آتش

Tulipalo!

کپسول آتش‌نشانی

palosammutin

تصادف

onnettomuus

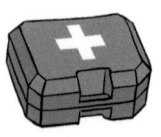

جعبه کمک های اولیه

ensiapulaukku

درخواست کمک

SOS

پلیس

poliisilaitos

اروپا

Eurooppa

آمریکای شمالی

Pohjois-Amerikka

آمریکای جنوبی

Etelä-Amerikka

آفریقا

Afrikka

آسیا

Aasia

استرالیا

Australia

اقیا نوس اطلس

Atlantin valtameri

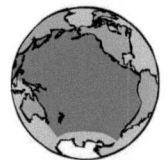

اقیانوس آرام

Tyynimeri

اقیانوس هند

Intian valtameri

اقیا نوس اطلس جنوبی

Eteläinen jäämeri

اقیانوس منجمد شمالی

Pohjoinen jäämeri

قطب شمال

pohjoisnapa

قطب جنوب
....
etelänapa

قاره قطب جنوب
....
Antarktis

کره زمین
....
maa

سرزمین
....
maa

دریا
....
meri

جزیره
....
saari

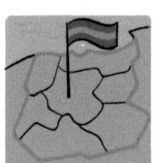

ملت
....
kansa

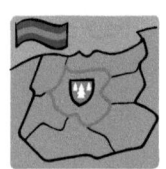

کشور
....
osavaltio

صفحه ی ساعت
....
kellotaulu

ساعت شمار
....
tuntiviisari

دقیقه شمار
....
minuuttiviisari

ثانیه شمار
....
sekuntiviisari

ساعت چند است؟
....
Paljonko kello on?

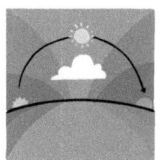

روز
....
päivä

زمان
....
aika

اکنون
....
nyt

ساعت دیجیتال
....
digitaalikello

دقیقه
....
minuutti

ساعت
....
tunti

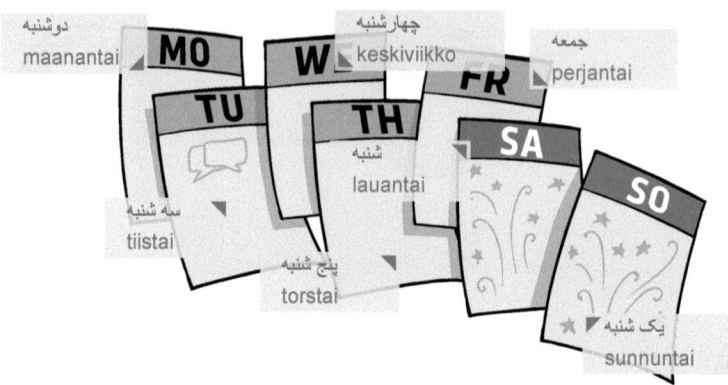

دوشنبه
maanantai

چهارشنبه
keskiviikko

جمعه
perjantai

سه شنبه
tiistai

شنبه
lauantai

پنج شنبه
torstai

یک شنبه
sunnuntai

دیروز
eilen

امروز
tänään

فردا
huomenna

صبح
aamu

ظهر
keskipäivä

غروب
ilta

MO	TU	WE	TH	FR	SA	SU
1	2	3	4	5	6	7
8	9	10	11	12	13	14
15	16	17	18	19	20	21
22	23	24	25	26	27	28
29	30	31	1	2	3	4

روزهای کاری
työpäivät

MO	TU	WE	TH	FR	SA	SU
1	2	3	4	5	6	7
8	9	10	11	12	13	14
15	16	17	18	19	20	21
22	23	24	25	26	27	28
29	30	31	1	2	3	4

آخر هفته
viikonloppu

سال

vuosi

باران
sade
رنگین کمان
sateenkaari
باد
tuuli
برف
lumi
بهار
kevät
پاییز
syksy
تابستان
kesä
زمستان
talvi

4.APRIL 11°
5.APRIL 4°
6.APRIL 13°
7.APRIL 8°
8.APRIL 10°

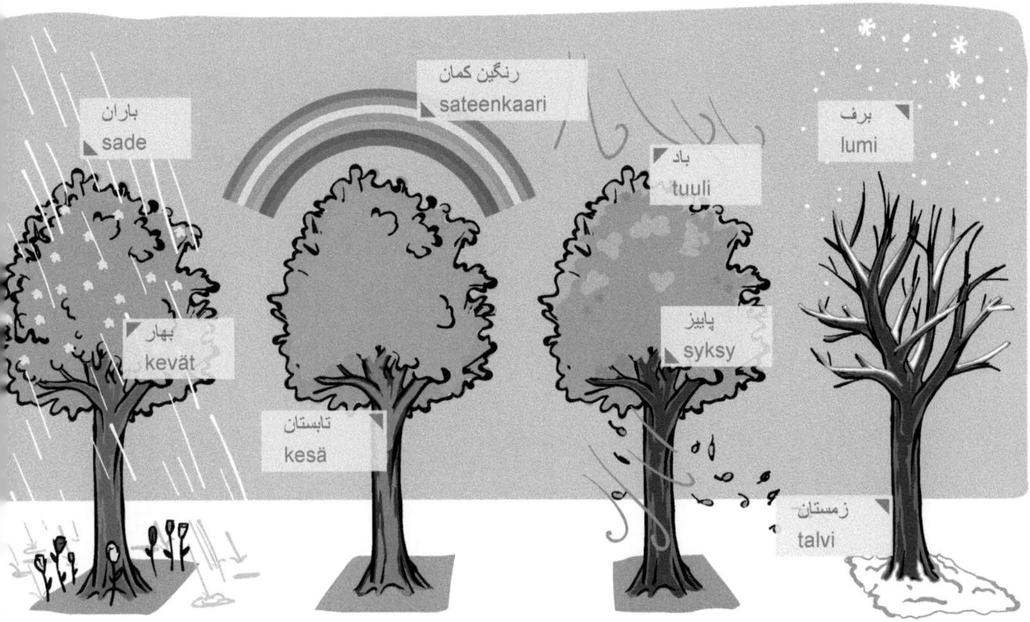

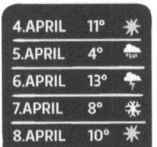

پیش‌بینی اوضاع جوی

sääennuste

F C
120 90 60 30 0 -30
40 30 20 10 0 -10 -20

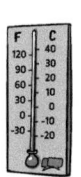

دماسنج

lämpömittari

تابش آفتاب

auringonpaiste

ابر

pilvi

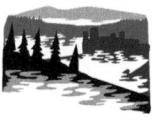

مِه

sumu

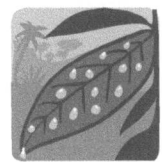

رطوبت هوا

ilmankosteus

صاعقه

salama

آسمان غره

ukkonen

طوفان

myrsky

تگرگ

rae

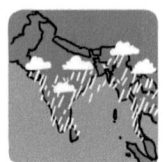

باد موسمی

monsuuni

سیل

tulva

یخ

jää

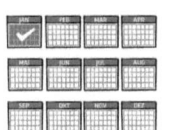

ژانویه

tammikuu

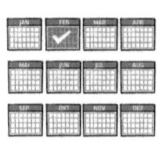

فوریه

helmikuu

مارس

maaliskuu

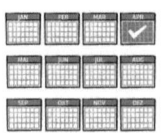

آوریل

huhtikuu

مه

toukokuu

ژوئن

kesäkuu

ژوئیه

heinäkuu

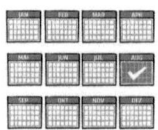

آگوست

elokuu

سپتامبر
....
syyskuu

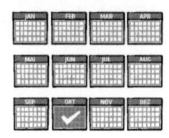

اکتبر
....
lokakuu

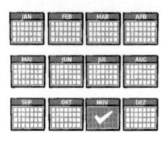

نوامبر
....
marraskuu

دسامبر
....
joulukuu

دایره
....
ympyrä

مربع
....
neliö

مستطیل
....
suorakulmio

سه گوش
....
kolmio

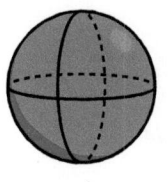

گره
....
pallo

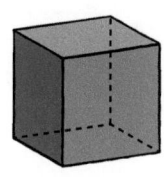

مکعب مربع
....
kuutio

سفید
....
valkoinen

زرد
....
keltainen

نارنجی
....
oranssi

صورتی
....
vaaleanpunainen

قرمز
....
punainen

بنفش
....
violetti

آبی
....
sininen

سبز
....
vihreä

قهوه ای
....
ruskea

خاکستری
....
harmaa

سیاه
....
musta

خیلی / کم

paljon / vähän

خشمگین / آرام

vihainen / ystävällinen

زیبا / زشت

kaunis / ruma

شروع / پایان

alku / loppu

بزرگ / کوچک

suuri / pieni

روشن / تیره

vaalea / tumma

برادر / خواهر

veli / sisko

تمیز / آلوده

puhdas / likainen

کامل / ناقص

täydellinen / epätäydellinen

روز / شب

päivä / yö

مرده / زنده

kuollut / elävä

پهن / باریک

leveä / kapea

قابل خوردن / غیر قابل خوردن

....

syötävä / syömäkelvoton

غضبناک / مهربان

paha / kiltti

هیجان زده / بی حوصله

innostunut / tylsistynyt

چاق / لاغر

lihava / laiha

اولین / آخرین

ensimmäinen / viimeinen

دوست / دشمن

....

ystävä / vihollinen

پر / خالی

....

täysi / tyhjä

سفت / نرم

kova / pehmeä

سنگین / سبک

painava / kevyt

گرسنگی / تشنگی

....

nälkä / jano

مریض / سالم

sairas / terve

غیرقانونی / قانونی

laiton / laillinen

باهوش / خنگ

älykäs / tyhmä

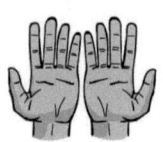

چپ / راست

vasen / oikea

نزدیک / دور

lähellä / kaukana

نو / استفاده شده
....
uusi / käytetty

هیچ چیز / چیزی
....
ei mitään / jotain

پیر / جوان
....
vanha / nuori

روشن / خاموش
....
päällä / pois päältä

باز / بسته
....
auki / kiinni

آهسته / بلند
....
hiljainen / äänekäs

ثروتمند / فقیر
....
rikas / köyhä

درست / غلط
....
oikein / väärin

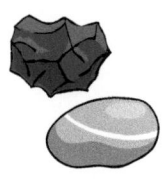

زبر / صاف
....
karhea / sileä

غمگین / خوشحال
....
surullinen / iloinen

کوتاه / بلند
....
lyhyt / pitkä

کند / تند
....
hidas / nopea

تَر / خشک
....
märkä / kuiva

گرم / خنک
....
lämmin / viileä

جنگ / صلح
....
sota / rauha

numerot

0	**1**	**2**
صفر	یک	دو
nolla	yksi	kaksi
3	**4**	**5**
سه	چهار	پنج
kolme	neljä	viisi
6	**7**	**8**
شش	هفت	هشت
kuusi	seitsemän	kahdeksan
9	**10**	**11**
نه	دَه	یازده
yhdeksän	kymmenen	yksitoista

12

دوازده

kaksitoista

13

سیزده

kolmetoista

14

چهارده

neljätoista

15

پانزده

viisitoista

16

شانزده

kuusitoista

17

هفده

seitsemäntoista

18

هجده

kahdeksantoista

19

نوزده

yhdeksäntoista

20

بیست

kaksikymmentä

100

صد

sata

1.000

هزار

tuhat

1.000.000

میلیون

miljoona

انگلیسی

englanti

انگلیسی آمریکایی

amerikanenglanti

چینی ماندارین

mandariinikiina

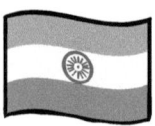

هندی

hindi

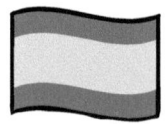

اسپانیایی

espanja

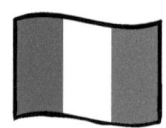

فرانسوی

ranska

عربی

arabia

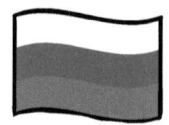

روسی

venäjä

پرتغالی

portugali

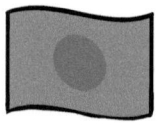

بنگالی

bengali

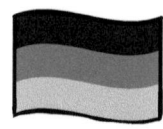

آلمانی

saksa

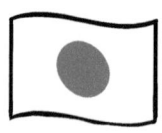

ژاپنی

japani

من

minä

تو

sinä

او

hän

ما

me

شما

te

آنها

he

چه کسی؟ کی؟

kuka?

چی؟

mitä / mikä?

چگونه؟

miten?

کجا؟

missä?

کی؟

milloin?

نام

nimi

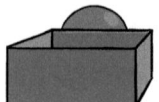

پشت
....
takana

توی
....
sisällä

جلو
....
edessä

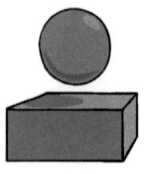

بالای
....
yläpuolella

روی
....
päällä

زیر
....
alapuolella

مجاور
....
vieressä

بین
....
välissä

مکان
....
paikka